www.ingramcontent.com/pod-product-compliance
Lightning Source LLC
LaVergne TN
LVHW090050160826
845672LV00015B/1632

خيال الظل

شعر

بشار محمد

خيال الظل

شعر

إصدارات دائرة الثقافة، حكومة الشارقة 2024 م

الناشر: دائرة الثقافة - حكومة الشارقة - الإمارات العربية المتحدة
الهاتف: 5123333 6 971+
البرَّاق: 5123303 6 971+
الموقع الإليكتروني: www.sdc.gov.ae
البريد الإليكتروني: sdc@sdc.gov.ae

الطبعة الأولى 2024

811.9568
م ب. خ   محمد، بشار
خيال الظل / بشار محمد .- الشارقة، الإمارات العربية المتحدة : دائرة الثقافة، 2024.
122 ص. ؛ 21X14 سم.
1. الشعر العربي – الأردن – دواوين وقصائد
أ. العنوان

ISBN: 978-9948-760-344

الإهداء

إلى البعيدين، حين أشعر بقربهم دائماً منّي

نافذة الغياب

وحدي، بلا مَنفىً
ولا أوطانِ
لا تُقلقي الزيتون
في أغصاني

وردٌ بنافذةِ الغياب ودمعةٌ
زُلفى إليكِ
فرتِّلي قُرآني

في الحب ما يكفي
لكَي تتأمَّلِي صَوتي
وأن تتحسَّسِي جدراني

ما زلتِ

أجملَ من تقولُ لجرحِها:

لم تُلهِني..

ما زال بالإمكانِ..

علّمْ يقينَكَ

كلُّ شيءٍ ممكنٌ

لو لمْ يَعُدْ في العمر

غيرُ ثوانِ

ما زالَ..

يوقِظُني الحنينُ ولم أزلْ

رهنَ الحنين

ولم يزلْ سجّاني

أنا ذلك الولدُ الذي

لم تتسعْ

لخطاه

كلُّ رحابةِ الأكوانِ

يمشي كأنَّ الموت
يركضُ خلفَهُ
لا بحرَ يُسلِمُهُ
لبرِّ أمانِ

لم يتسعْ منفىً
بحجمِ قصائدي
ليضمَّ سَيَّابَيْنِ
في الوجدانِ

لمْ يتسعْ ليكونَ
أجملُ عاشقٍ
مَنْ يمنح الأوطانَ
بضعَ أغانِ

لم يتسعْ، لأقولَ:
يا نخلَ العراق الغضّ
إنـيّ شِبتُ قبلَ أوانـي

خذني بعينِكَ

كي أرى حريّةَ المنفى

فإنَّ يديَّ متعبتانِ

كلُّ الذين تَعقّبوك بِحُزْنِهم

صَمَتوا

ولي كالفجر

ألفُ بيانِ

يا "اللّاذقيةُ"،
يا الجمالُ، أَأَقْتَفِي
أثَرَ الحياة، وأنتِ
في القضبان؟!

سيمرُّ "دافنشي"
أمامَكِ صامتاً
من غيرِ فرشاةٍ
ولا ألوانِ

سيموتُ وردُ "نزار"
في شُرُفاتِكِ الأغلى
وتخسرُ شاعراً شُطآني

سَأَمرُّ.. هَلْ سَأَمرُّ؟!
رُبَّ غدٍ رَأَى
"شوقي" المُقيم
وليسَ "شوقي" الفاني

أحتاجُ كي ألقاكِ

قلباً باسماً

وحنانَ قافيةٍ

وصوتَ أذانِ

يا أنتِ

يا وجعَ الذينَ تنفَّسُوا

التوراةَ والإنجيلَ من أزمانِ

يا ضحكةَ المعنى
وبستانَ الرُّؤى
وأناملَ الفُقَراء
والرُّهبانِ

يا أختَ هذا الصمت،
صمتُكِ غُربَةٌ
عَنّي
وعن قلبي
وعن أوطاني

ثقةً بآخرِ خِنجرَيْن تَسَلَّلا

لِدمي

ولمْ يستأذِنا شُرياني

ثقةً بزَهْرِ العمر

حينَ يقولُ لي:

حرّرْ ورودَكَ من يدِ النسيانِ

ثقةً بقلبي

حينَ يُعلنُ حربَهُ

أنَّ الجميلةَ
ضَيَّعتْ عُنوانـي

ثقةً بحبِّكِ
لا أزالُ مُرابطاً
كالضّوء
حتـى ينتهي
لَمَعَانـي

أنا كلّما ابتسمتْ

شفاهُكِ في دمي

أجّلتُ دمعي

للّقاء الثاني

***

النازحون

ما بينَ شهقةِ وردتَيْنِ
تجرَّحُوا
قرؤوا كتابَ العُمر
ثمَّ استفتحُوا

تركوا
على الماءِ القديمِ رِحالَهم
وعلى ضفافِ الحزن
ما لا يُلمَحُ

وتشبَّثُوا بالحلمِ
حتّى المُشتهى
وتعلَّقوا بالريح ثُمَّ تأرجحُوا

ها هُمْ
وتينُ الحَيِّ يقطفُ نفسَهُ
عنهم، وأغصانُ المكانِ
تُلوِّحُ

دخلوا الحكايةَ

وَهْيَ في عِرفانِها

ثوبٌ

أشفُّ من الحريرِ

وأوضحُ

وكأنَّهُم

من كلِّ صوبٍ أقبلوا

وكأنَّهم

من كُلِّ ماءٍ يُنضَحُ

وكأنَّ خارطةَ الجهاتِ
تَعطَّلتْ
فَهُمُ الجهاتُ
وهُمْ جميعاً نُزَّحُ

لَمْ تَدرِ ما أسماؤُهم
أسماؤُهم
ما مِنْ أبٍ فيهم
ولا مَنْ يشرحُ

ما مِنْ هُويّاتٍ لَهُمْ
إلّا الأسى
وطنٌ هُلاميٌّ
وفيهِ تفتَّحُوا

وَلَهُمْ من المنفى القريبِ
قصائدٌ
وَلَهُمْ من الوطنِ البعيدِ
تَقرُّحُ

وَلَهُمْ من النسيانِ
ما يتذكرُ الإنسانُ،
لكنْ ليسَ ما يستوضحُ!

هذا الشَّجَى الأبديّ
أحكمَ نفسَهُ
فيهمْ، وظلَّ مُرابطاً
لا يبرحُ

وهُمُ هُمُ
حيثُ الحياةُ تطلُّعٌ
للمُستحيل،
ولا يهونُ المَطمحُ

كَمْ توجعُ الطُّرُقاتُ
لو قالتْ لَهُمْ:
لا تَلمسُوا الجدرانَ
كي لا تُجرَحُوا

وابكُوا كثيراً

حينَ يُبطِئُ سعيُكم

وامشوا على حَدِّ الحقيقةِ

وانمحُوا

ودَعُوا مفاتيحَ الرُّجوعِ

وراءَكُم

لنْ تُفتَحَ الأبوابُ

حتَّى تسمحُوا

***

دموع الياسمين

قُربَ منفايَ
بروقٌ وشُعَلْ
ونجومٌ من سماواتي تُطِلْ

يا صبايا الريف،
كيفَ المُلتقى؟!
لم يَعُدْ للحب في قلبي مَحَلْ

كلما تاهَ بوادٍ قمرٌ
عانقَ الصمتُ
أهازيجَ الجَبَلْ

الحكاياتُ

غموضٌ قاتلٌ

أدمعُ الآلامِ

في قلبي جُمَلْ

لم يكن شعري

مُضيئاً مُعتماً

رُبَّ بيتٍ ما لحزنٍ يُرتَجَلْ

يا ليالـيَّ،
خذيني موجَعاً
أشـهرُ المنَفى طويلاتُ الأجَلْ

كلما زارتْ عيونـي نجمةٌ
سالَ من جرحي
ملايينُ القُبَلْ

سارَ قَبْلِي الدربُ حيناً
فَكَبَا

يا أَسَانَا،
ما وصلنا.. ما وصلْ

يا خيالَ الظّل،
ما أبعدَنا!
كذبَ الضوءُ
وخانَتْنَا المُقَلْ

تلكَ "طرطوسُ"
التي أحبَبْتُها

لم تُحَرَّرْ من دمي
منذ الأزلْ

ياسَمينُ الشَّامِ
مَنْ يَحْرُسُهُ!
"بَرَدَى" من حَرٍّ ما فِيَّ اشتعلْ

خذ يدي
واعزفْ على أيقونتي
وادنُ منِّي
كلما الدمعُ هَطَلْ

وَلْتُضِئْ دُنيايَ حُبّاً،
رُبَّما
توقدُ الشمعةُ
أطيافَ الأملْ

لا تدعْ في العشق باباً مُوصَداً
ربما تشتاقُ يوماً فَتَسَلْ

تَبَتُّل

أحتاجُ أكثرَ مِنْ رأسٍ
ومِنْ بَدَنِ
حتّى أُقابلَ ما في الكَوْنِ
مِنْ مِحَنِ

حتّى أقولَ لنفسي
وَهْيَ عاكفةٌ
على السّكون
بأنَّ الموتَ لَمْ يَحِنِ

حتّى أرى صلواتي
دمعَ مِئذَنـةٍ
تُسبِّحُ اللهَ
في الإسرارِ والعَلَنِ

حتّى أرى
في المرايا الكاذباتِ يداً
تُكذِّبُ النَّدَبَاتِ السُّمرَ
في بَدَني

مَنْ أنكروني

وقَدْ جُنَّ الرمادُ بِهِمْ

وعَلّقوني غُباراً

خارجَ الزَّمَنِ

لا الشمسُ تُنكِرُ وجهي،

كُلَّما طَلَعَتْ

أُملي البياضَ عليها

وَهْيَ تَكتُبُني

أفقتُ كي تخلعَ الأنوارُ
عَتْمَتَها
ما زالَ في الحبّ
معنىً بعدُ لَمْ يَبِنِ

ضُمّي صراخي
الذي علّقتُهُ جَرَساً
في حائطِ الماء
يتلو لوعةَ السُّفُنِ

إنّـي انتصرتُ
على مَنْ يقتفي أَثَري
وما انتصرتُ
على حُزنـي ولا شَجَنـي

وما طلبتُ -لموسى البحرُ-
مُعجزةً
تُظِلُّنـي،
غيرَ أنَّ اللهَ ألـهَمَنـي

***

ربما هو

حارَ فيهِ المَدى
فأَرخى رُؤاهُ
ركبَ الحُلمَ،
صارَ شيئاً سِواهُ

امتطى صهوةَ الخيالِ
حِصاناً
يبتدي ينتهي
إليهِ مَداهُ

يحملُ الغيمَ بين جنبَيْهِ،
يُصغي
لِصَدى البَرق
شارحاً مَعناهُ

لا يُسَمِّي تَوَجُّسَ القلبِ
خَوفاً
كانَ يَدعوه
أُمَّهُ أو أباهُ!

عمرُهُ نَجمةٌ
هَوىً سَرمَدِيٌّ
فَلِمَنْ يا تُراهُ
قد أهداهُ؟!

نِصفُهُ راحلٌ
ونِصفٌ مُقيمْ
ليس تَدري خُطاهُ
عن مُبتغاهُ

حَلَبٌ قَصْدُهُ إذا عُدِمَ القَصْدُ
وللرَّوْضِ
إذ يمرُّ انتباهُ

"فيكِ مَرعى جيادِنا
والمَطايا"
ومُنَى النَّفْس
وِجهةٌ واتِّجاهُ

رائِحاً غادِياً
إليها ومنها
كُلَّما مَرَّ هاجِسٌ
أو دَعاهُ

يعتريه الذهولُ
وَهْوَ شَريدٌ
تلتقي فيه
أرضُهُ وسَماهُ

يَدَّعي الموتُ
أنَّهُ الآنَ مَيْتٌ
يَدَّعي الصَّحوُ أنَّهُ قد رَآهُ

زمنٌ ضائعٌ
وحُلمٌ بعيدٌ
والأكيدُ الذي يراه اشتباهُ

شابَ فيهِ الزمانُ
والقلبُ طفلٌ
ما يزالُ الحرمانُ
يُذكي أسَاهُ

***

طفلة فلسطينية

لَمْ تعودي صَبيَّةً
يا صَبيَّةْ
ضَيَّعَ البُعدُ عُمرَنا والهُويَّةْ

وَكَأنَّ الزمانَ
دَولةُ حُزنٍ
لستُ أُحصي
جراحَها الدَّمويَّةْ

وأنا أنتِ، موطنٌ وبلادٌ
وأنا.. أنتِ وردةٌ مُخمَلِيَّةْ

ربما احتجتُ

ألفَ ألفِ ستارٍ

كي تَقيني

عُيونَكِ العَسَليَّةْ

ظِلُّ "يافا"

وأنتِ بنتٌ لـ"يافا"

فيكما تلتقي المُنى والمَنيَّةْ

كلُّ جُرحٍ
يقودُني للكِ حتى
بايَعَتْني على الجراح
شَظَيَّةْ

يا رُماةَ الرصاص،
ثَمَّ شهيدٌ
خَذَلَتْهُ رَصاصةُ البُندقيَّةْ

"كُلُّنا قاتلٌ وكُلٌّ قتيلٌ"
فامسحِ الدمعَ
عن خدودِ الضَّحيَّةْ

لَمْ يَعُدْ ثَمَّ للحروبِ
مكانٌ
لَمْ يَعُدْ ثَمَّ في الدموع
بَقيَّةْ

ظَلَّ شِعرٌ
يُعتِّقُ الحُبّ شِعري
شَفَّتِ الروحُ عنهُ والأبجديَّةْ

كُلَّمَا لاحَ
في البعيدِ لقاءُ
عُدتُ طفلاً
وأنتِ عُدتِ صَبيَّةْ

***

تذكرة لعبور النسيان

قبلَ النشيدِ
وقبلَ الغُصنِ والماءِ
وقبلَ أنْ يلتقي العرَّافُ والرَّائي

وقبلَ أنْ تلدَ الأُنثى
نُبوءَتَها
معنًى يُؤلِّفُ بينَ الحاءِ والباءِ

وقبلَ أن يَشحذَ الأعمى
ربابتَهُ
ويستحيلَ إلى صوتٍ وأصداءِ

وقبلَ نـهرِ الصبايا
الحـالماتِ سُدًى
أنَّ المُحبِّينَ مرضـى بالأخلّاءِ

توهَّجَ الضوءُ
قنديلاً.. رأى مُدُناً
حُبلى الغيومِ.. ولكنْ دونَ أنواءِ

منازلاً قاطنوها
بَعدُ ما ارتحلُوا
ولا أقامُوا على وعدٍ بإخلاءِ

قد لا يمرُّونَ
بالمعنى طواعِيَةً
ولا يَسيلونَ في الأنخابِ كالماءِ

هُمْ نكهةُ الغَيْبِ
موسيقا مُؤَجَّلَةٌ
كانتْ تفيضُ بإطراقٍ وإصغاءِ

تطلَّعُوا
من تجاعيدِ النَّهارِ فَماً
ومن شقوقِ الأماني ذاتَ أنداءِ

قَدْ يَحلُمونَ بمقهىً
لا يُشَرِّدُهُمْ
عَنْهُ افتراضاً، ووحدي الرَّاحلُ النَّائي

ما زلتُ أستلهمُ الأعلى
لأمنَحَهمْ
سِرَّ التآويلِ في صمتٍ وإيحاءِ

وأستثيرُ الشَّذَا،
ما مرَّ في رئتي
إلا ليزرعَني في كلِّ صحراءِ

الطيّبونَ معي، والمُتعبونَ معي
فَلْيُسقطِ الوقتُ ألقابي وأسمائي

وَلْتَعرُجِ الآنَ بي روحي
وقد تَرَكَتْ
بابَ السؤالِ
لِرَوحِيِّين آبائي

لو أنَّ نهراً سماويّاً
أَحُطُّ على
ضفافِهِ، ريثما ترتاحُ أعبائي

لو أنَّني
أحملُ النسيانَ تذكرةً
كالعابرينَ، بلا حُلمٍ وأهواءِ..

كُنتُ اجترحتُ الأسى
في كُلِّ نافذةٍ
تَسعى لإظماءِ روحي
لا لإروائي

تعبتُ من سَفَري في الريحِ
وانطفأتْ
فيَّ المصابيحُ،
واستنزفتُ أضوائي

وقلتُ: يا نَدمي الأشهى،
ويا خَطئي،
لا بُدَّ لي أنْ أحبَّ الآنَ أخطائي

***

الموعد الأوَّل

ما زلتُ في ظَمَئِي
أُراودُ أنهُرَكْ
فلتكتُبِ الدنيا لأقرأَ أخضرَكْ

لا تقتُلِ الكلماتِ صَمتاً،
غَنِّ لي
أحتاجُ صوتاً دافئاً كي أُشْعِرَكْ..

خذني بعينِكَ
فالحياةُ متاهةٌ
والعمرُ طائرةٌ تسابِقُ أشهُرَكْ

خُذْ ذكرياتِ الأمسِ
واترُكْ قُبلةً
أو وردةً حمراءَ كي أتذكَّرَكْ

لا تعتذرْ للوردِ
بعدَ قطافِهِ
للوَردِ ما أخَذَ الحنينُ وما تَرَكْ

شُكراً لسكّينٍ
تمرُّ بإصبَعي
سَهواً، لتأسرَني هوىً وتُحَرِّرَكْ

شُكراً لأنَّكَ أنتَ
كُنتَ ولمْ تزلْ
أغلى، وبُعدُكَ لَمْ يَكُنْ لِيُغيِّرَكْ

أودعتُ فيكَ اسمي
وعُمري كُلَّهُ
فإذا أضعتَهُما غداً لَنْ أعذرَكْ

***

البعيدان

لا شيءَ إلا الدمعُ
والأشواقُ
من يمنعُ العشّاقَ
أن يشتاقُوا

غنّيتُهم.. صَعَدُوا
لأوَّلِ غيمةٍ
في الشّجوِ وانتهَبَتْهُم الآفاقُ

النائمونَ على الحريرِ
تنبَّهُوا
والمتعبونَ من الحنينِ أفاقُوا

وأنا بجدرانِ الحكايةِ
طائرٌ
لا تنثني لغنائِهِ الأوراقُ

أسمى هداياهُ التي
لم تأتِ

في أسمى معانيهِ
التي تنساقُ

أنثاهُ من ماءٍ
يرتّبُ نفسَهُ
والحكمتانِ: الصبرُ والإرهاقُ

في الشارعِ الخالي
هناكَ رأيتُهُ
ينتابُهُ جرحٌ وتنزفُ ساقُ

لكأنَّنِي البنتُ التي
في صَحوهِ
حُلمٌ وفي إغفائهِ إطراقُ

قَلِقٌ
وعشقُ النرجسيةِ مُقلقٌ
فأناملٌ ممدودةٌ
ووِثاقُ

مقهىً ثنائيُّ الجهاتِ
ورحلةٌ
فوقَ لبراقِ وما هناك بُراقُ

للآن شُبّاكي القديم
مُؤَرَّقٌ
والبابُ.. أين البابُ والطُّرّاقُ؟!

بحثاً

عن الذاتِ التي

بجوارحي

شَرِقَتْ،

وضاعَ الكأسُ

والتّرياقُ

سِرْ بي على مَهَلٍ

فثمَّةَ دمعةٌ

لم تبتكرْها

هذهِ الأحداقُ

قد أُصبحُ الرحّالَ

قد أنسى

عصا التّرحال

قد يحلو ليَ الإخفاقُ

***

طلول الغانيات

بعيداً عَنْ طلولِ
الغانياتِ
وعَنْ وهمٍ يُثيرُ تَساؤلاتي

وعن سحرِ العيونِ السُّود،
عَنّي
إذا نَطَقَتْ بآلافِ اللغاتِ

ستبكي ألفُ "عَشتارٍ"
غيابي

ويقتُلُها الحنينُ
لأُغنياتي

أرى"فيروز"
تجرحُ كلَّ نايٍ
وتبتكرُ الأغاني
الطيِّبات

لها في العود
رَفَّةُ شالِ "يافا"

ولي وجعُ الخُطا
واللّافتاتِ

حنانَكِ
كمْ أُحبُّ صفاءَ قلبي
ورِقَّةَ أحرفي
ومُوشّحاتي

أنينَ النّاي،
ليلَ القرب،

حُزنـي،
مرارةَ واقعي،
وتخيُّلاتـي

وأوَّلَ دمعةٍ
لمْ أقترفْها
وآخرَ بسمةٍ
قبلَ المماتِ

أكانَ عليَّ أنْ أختارَ موتاً!
يليقُ بقاتلي،
ويعيبُ ذاتي

أكنتِ اشتققتِني
لأعدَّ ورداً؟!
وأنثرَ في دروبِكِ
سَوْسَناتي!

أُغنّي قربَ بابِكِ

من عصورٍ

وتعجبُ من مواويلي

لُغاتي

لماذا لا أسيرُ معي

لِحُزني؟!

لماذا

لا تُرافقُني جِهاتي؟!

ستحملُ حلمَ مَنْ حَمَلوا

الأمانـي

حقيبةُ راحلٍ

نحوَ الشّتاتِ

ستفترشُ الليالي

من دموعي

ويبتلُّ الندى بتأمُّلاتـي

سأطرقُ ذاتَ حزنٍ
ألفَ بابٍ
أُفتِّشُ عن رحيقِ
الذكرياتِ

***

ملهمة المطر

لا تسألوا الصحراءَ
عَنْ أشجارِها
فَلَكَمْ تَشَبَّثَ عابرٌ بإزارِها!

خضراءُ لا شكّ
الربيعُ ينامُ في
أحداقِها، والماءُ في أغوارِها

منذُ استفاقتْ
راحَ يسكُنُها النَّدَى
ويَشُدُّ خيمتَه إلى جُمَّارِها

والمكرماتُ

على سَجيَّتِها

استوتْ

رُطَباً، تَفتَّحَ في عميقِ قرارِها

دُرّيَّةٌ في الرملِ

تفرِشُ ظِلَّها

كي تستريحَ الشمسُ

من أسفارِها

ويُؤرِّخُ الكُثبانَ
صِنوُ مَحَبَّةٍ
نُسِجَتْ يداهُ
على غِرارِ غِرارِها

لكأنَّها الأنثى التي
شَهِدَتْ على
هذي البسيطةِ مُنذُ بَدْءِ نَهارِها

فـي سَعْفِـهـا
يختـالُ زهوٌ نـاعمٌ
لِيُراوِدَ الغيمـاتِ
عن أمطـارِهـا

تَمتَدُّ في الأُفقِ البعيد
مُلاءَةً
وتميلُ للجَوعى
بكلِّ نُضارِهـا

والناسُ -إنْ فَضُلُوا

وإنْ لَمْ يَفضُلُوا-

متشابهونَ

على اختلافِ ثِمارِها

غَنَّتْ لَهمْ

حتّى إذا اتَّقدَ المَسا

عَلِقَتْ نجومُ اللَّيلِ

في أزهارِها

فكأنـها بلقيسُ
أو هيَ مريمٌ
في حُسنِ طَلعتِها
وطيبِ نِجارِها

بجمالِها، وبـهائِها
وسخـائِها
بحنانِها، وشموخِـها
ووَقارِها

أيقونةُ الصحراء
يسعى دائماً
ضَوْءٌ نُحاسِيُّ الخُطا
لِمَزارِها

***

لاجئٌ

أَخُطاكِ أمْ جرسُ الكنيسةِ
دَقَّا؟!
أمْ يومَ دُكَّ الطور
مُتنا صَعْقا؟!

أحزانُ هذي الأرض
تسكنُ شُرفَتي
والياسمينةُ لا تقولُ الصِّدقا

عُدْ بِيْ معي
نحوَ المُخيَّمِ لاجئاً
كَمْ في المُخيَّمِ مِنْ أسىً مُستَبقَى!

مِنْ يومِ أنْ كسرَ المسيحُ
صليبَهُ
والمَجدَليَّةُ لا تُعانِقُ أُفْقا

وأنا كَكُلِّ الحالمينَ
أضعتُني

مِنْ يومِ سَمَّتْني الحضارةُ
شَرْقا

سيقولُ بابٌ ما لدمعةِ طِفلةٍ:
لا تُرهقيني يا صبيَّةُ
طَرْقا

حَرَّرتُني مِنّي وبعدُ مُحاصرٌ
ووهبتُ روحيَ للحنانِ
الأبقى

لَمْ أَبنِ في اللّاسِلْمِ مَمْلَكتي
ولا
مِنْ حيثُ يأتي الجرحُ
أُومضُ بَرْقا

في وسعِ "نابوليون"
أنْ يقتادَ حملتَهُ
ونحنُ بوسعِنا
أنْ نَشقى

وبوسعِ "آينشتاين"

في نسبيّةٍ أعلى،

تجوبُ اللامكانةَ

سَبْقا

وبوسعِ "ماكس بلانك"

تكميمُ الطيوف

ونحنْ نَنشُدُهُ العيونَ الزُّرْقا

ولعلَّ "هوميروس"
أطفأَ حكمةَ المصباح
كي يعلو
ويُمعِنَ عُمقا

وأنا بِـ "إيمان العجائزِ" مُؤمنٌ
فهلِ "الخوارزميّ"
يصنعُ فَرقَا؟!

بعدَ الملاحمِ سوفَ يجلسُ
شاعرٌ فَذٌّ
يُذِلُّ كبرياءَ الحمقى

***

غار الرؤى

"أَوَّلُ ما بُدِئَ به رَسولُ اللَّهِ صَلَّى اللهُ عليه وسلَّمَ الرُّؤْيَا الصَّادِقَةُ في النَّوْمِ، فَكانَ لا يَرَى رُؤْيَا إلَّا جَاءَتْ مِثْلَ فَلَقِ الصُّبْحِ، ثُمَّ حُبِّبَ إلَيْهِ الخَلَاءُ، فَكانَ يَلْحَقُ بغَارِ حِرَاءٍ فَيَتَحَنَّثُ فيه، قَبْلَ أنْ يَرْجِعَ إلى أهْلِهِ ويَتَزَوَّدُ لذلكَ، ثُمَّ يَرْجِعُ إلى خَدِيجَةَ فَيَتَزَوَّدُ بمِثْلِهَا حتَّى فَجِئَهُ الحَقُّ، وهو في غَارِ حِرَاء".

عائشة رضي الله عنها

تقولُ ليَ الأشواقُ:
مَوعِدُنا غدَا
وهلْ يُخلِفُ العُشَّاقُ مِثْليَ مَوْعِدَا؟!

أُذَوِّبُ روحي
في غَيَاباتِ عُزْلَتي
وأسقي صدى الموّال
عِشْقاً مُؤَبَّدَا

على كَتِفِي الطينيِّ
تغفو حمامةٌ
وخيطُ رؤىً في داخلي قَدْ تَوَقَّدَا

وقلبي الذي ما زلتُ
أرفو ثقوبَهُ
تَحَرَّرَ مِنْ إيقاعِهِ فَتَجَعَّدَا

بمكَّةَ بابٌ
لا يُعرِّي شُجونَهُ
تَفَتَّحَ فيهِ الحُبُّ حتى تَوَرَّدَا

ومـا مكَّةٌ

إلّا التفاتـةُ عاشقٍ

يكادُ لفَرطِ الشَّوق

أنْ يَتَنَـهَّدَا

هنالك حيثُ النورُ

بالنورِ يَلتَقي

وحيثُ نبيٌّ الله بالنور قَدْ حَدَا

يَهُشُّ شياهَ المُتعَبينَ

بقلبِهِ

ويأوي إلى غارِ الرؤى

مُتَعبِّدَا

يتَيمُ بحِضنِ الغار

يألَفُ ظلَّهُ

كموسى بجنبِ الطور

آنسَ مَوقِدَا

لَهُ عُشبَةٌ خضراءُ
في كلِّ دمعةٍ
سماءً بلا حزنٍ تُضيءُ وفرقَدَا

ونهرٌ سماويُّ الينابيع
عاطرٌ
تدينُ لَهُ كلُّ الضَّلالاتِ بالهُدَى

بعينيهِ

مـ تُخفي الكناياتُ..

ما تَشي

بزخرُفِها العالي السّماءُ تَنَهُّدَا

وما تتهجّى وردةٌ

نبضَ وردةٍ

ولا هَمَساتٌ ثَمَّ

لا صوت لا صَدَى

إليهِ انتهى
سرُّ السماوات رحمةً
وقدْ كانَ منذوراً لها
مُنذُ أنْ بَدَا

مشيتُ إلى معناه عُمراً
كأنَّما
يسيرُ بيَ العكّازُ
حيرانَ مُجْهَدَا

ولي خطوُ مَنْ مَرّوا
على ماءِ زمزمٍ
وبي شوقُ من غابوا
وعادُوا مُجَدَّدَا

وأنفاسُ مَنْ يتلون
في الليل خُشَّعاً
رُؤاهمْ
ومَنْ يبكون في الليل
سُجَّدَا

ولي صمتُ فلّاحٍ
تنامُ عيونُهُ
وليسَ ينامُ القلبُ
عن ذكرِ "أحمدَا"

رأيتُكَ قربَ الروح
تنفضُ حزنَها
كَما ينفضُ الإشراقُ
للّيْلِ أسودَا

تَجَلَّيتَ في قلبِ المُحبِّينَ
خفقةً
تُرتِّبُ دُنياهُمْ
وتبتكرُ الغَدَا

نديّاً، إلى أن فاضَ بالحب
هائمٌ
بما نزَّ من شوقٍ
وقَدْ أينعَ المَدَى

وَقَد ذابَ كُلِّي فيك
إلا صُبابةً
فلا خبرٌ عنِّي
ولا ثَمَّ مُبتدَا

أنا الأرقُ الْـيَمشي
وتمشي وراءَهُ
خطاياه منذُ البَدءِ
حتَّى تشرَّدَا

بذرتُ الرؤى

كي يعبرَ الضوء في دمي

منَ الغيبِ، فامنحني

حضوراً مؤكَّدَا

نِعمَّا التي بانتْ

وَلمْ يَبكِها دَمٌ

ولمْ تتمَثَّلْ فيه

إلّا تَشَهَّدَا

فيا آيةَ المِعراج،
يا من بنورهِ،
تَطَلَّعَ مصباحٌ
وغنّى وأنشدَا

وقفتَ أمامَ الضوء
روحاً وهيكلاً
تَمُدُّ لكَ النجمات كَفّاً
لتصعدَا

وما في فَمي
إلَّا تراتيلُ غيمةٍ
غَفَتْ في اخضرارِ الروح
فانهمرَ الندَى

***

أمشي وأترك ما أريد

أنا في الطريقِ
أُهدهدُ القمرَ المُعَلَّقَ
فوقَ جدران الحكايةِ
كي ينامَ على يَديّ
أُزيلُ أغطيةَ الدُخانِ
عنِ المجاز.. وأنثني
لأشمَّ رائحةَ البخورِ
تضوعُ في الأرجاء
من زمنٍ بعيد

أنا ذلك الزمنُ البعيدْ
أمشي وأتركُ ما أُريد

لربَّما أهديتُ عُكّازي
لمن سيجيءُ بعديَ
واتكأتُ على رؤاي
لا أُفْقَ أمنحُهُ رؤاي
.. بين التوهُّمِ والتوهُّمِ لعنةٌ تمشي
على حَدِّ الأبدْ..
وينتهي فيَّ الكلام

أَسيلُ من أرقِ النجومِ
على دِمايْ..
أمشي وأجهلُ ما أُريد
كأنَّ شيئاً ما يُراودني
عن المَعنى.. أُراودُهُ فيهربَ للبعيد
أنا ذلكَ المعنى البعيد..
أمشي وأتركُ ما أريد

أفتِّشُ المدنَ البعيدةَ
كي أرى ظِلّاً ونافذةً

جنوبَ الليل تغفو أو تضيء..
نامَ الصدى والصوتُ نامْ..
وصحا على الأرقِ الهديلُ..
هذا المساء كأنَّهُ
طفلٌ خجولُ..

قالت..
وقد أرختْ على كَتِفي ضفائرَها
أنثى.. وقد خَرجتْ على مضمونها
الكلماتْ

ضوءاً غِنائيّاً وحُلماً:
سَقطتْ على وجعي المسافةُ..
ثُمَّ أغلقتِ الكتابْ
هذا الغياب مؤجَّلٌ..
هذا الحضور مؤجَّلٌ..
هذا البعيدُ
متى يعودْ..
يمشي ويأخذُ ما يريد

***

المحتويات